# Die 12 Dynamiken der Verwandlung

## Entwürfe für die Zukunft  –  Band 37

# Inhaltsübersicht

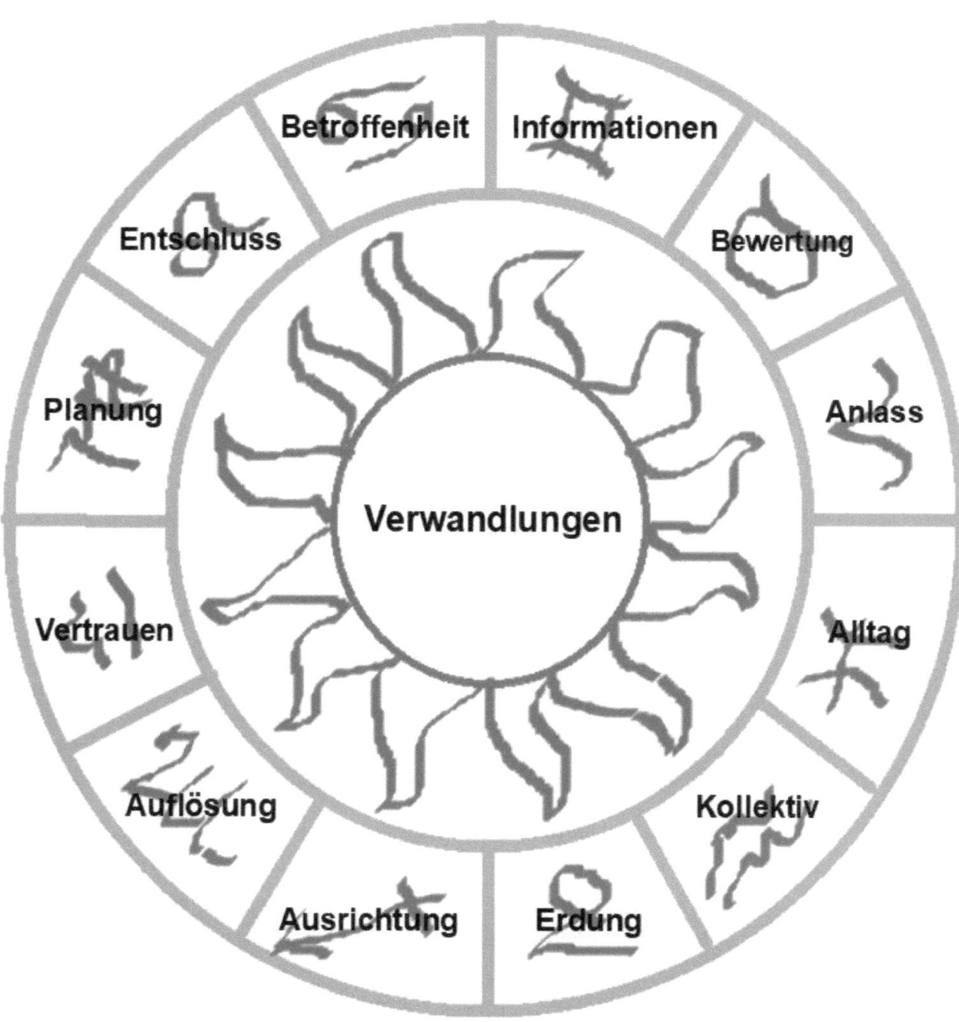

# Warum 12?

Alle Bücher dieser Reihe haben genau 12 Kapitel – was sich ja auch in den Titeln dieser Bücher widerspiegelt. Warum?

In diesen Büchern wird der Tierkreis als Matrix von 12 verschiedenen Sichtweisen auf die Welt verwendet, um das Thema des Buches möglichst umfassend in 12 Kapiteln zu betrachten. Dadurch wird eine ausgewogenere, umfassendere und tiefere Einsicht in das jeweilige Thema erlangt als es ohne ein solches Raster, ohne eine solche Matrix möglich wäre.

Der Tierkreis wird in dieser Buch-Reihe als Forschungs-Hilfsmittel benutzt, durch das die Einseitigkeiten in der Betrachtung zumindest vermindert werden können. Weiterhin werden durch dieses Vorgehen diese 12 Sichtweisen auch als Ergänzungen zueinander, als organische Teile eines Ganzen deutlich.

Die Inspiration zu diesem Vorgehen stammt aus Hermann Hesses Roman „Das Glasperlenspiel", für das er 1946 den Literatur-Nobelpreis erhielt. In diesem Roman beschreibt er die öffentlichen Darstellungen von Übersichten und Gesamtbetrachtungen, die mithilfe von verschiedenen allgemeinen Strukturen wie z.B. dem Ba Gua aus dem chinesischen Feng-Shui angefertigt und aufgeführt werden.

Diese Buch-Reihe ist ein Versuch, Hesse's Idee im ganz Kleinen konkret zu verwirklichen.


Die Blickwinkel der 12 Tierkreiszeichen sind:

| | | |
|---|---|---|
| ♈ | Widder: | Spontaner |
| ♉ | Stier: | Genießer |
| ♊ | Zwilling: | Neugieriger |
| ♋ | Krebs: | Familienmensch |
| ♌ | Löwe: | Egozentriker |
| ♍ | Jungfrau: | Handwerker |
| ♎ | Waage: | Schöngeist |
| ♏ | Skorpion: | Tiefgründiger |
| ♐ | Schütze: | Idealist |
| ♑ | Steinbock: | Realist |
| ♒ | Wassermann: | Theoretiker |
| ♓ | Fische: | Träumer |

# 1.  Anlass

♈

### Allgemeine Dynamik

Jede Veränderung und jede Verwandlung beginnt damit, dass es einen Grund, einen Anlass für eine Veränderung gibt. Dies kann entweder das Streben nach etwas Besserem sein (was relativ selten ist) oder das Vermeiden von etwas Schmerzhaftem (was der häufigere Fall ist). Als Drittes kann es noch äußere Ursachen geben, die eine Veränderung herbeiführen, die niemand aktiv angestrebt hat.

Wenn alles gut ist, so wie es ist, gibt es keinen Grund, etwas zu verändern.

### Individuelle Verwandlungen

Auch ein einzelner Mensch strebt nur dann eine Veränderung an, wenn er eine Not vermeiden oder etwas besonders Verlockendes erreichen will. Diese Not kann z.B. seine Armut sein und das Verlockende der Reichtum. Es können aber auch innere Zustände sein wie Depressionen oder ein Burnout, den der Betreffende heilen will, oder andere, glückliche Bewusstseinszustände, die er z.B. durch Meditation erreichen will.

Auch hier ist ein kraftvoller Ansporn notwendig, damit jemand sich von dem Ort und aus der Lage, an der er derzeit ist, fortbewegen will.

### Paar-Verwandlungen

Bei Paaren gibt es am Anfang das Streben nach gemeinsamem Erleben – also die „zu etwas hin"-Motivation. Am Ende einer Beziehung steht hingegen die „von etwas weg"-Motivation. Dazwischen – also während der Beziehung – können beide Motivationen auftreten. Die „positive Motivation" besteht aus Liebe, Sex, Gemeinschaft, Austausch, Familie, Abenteuer, Sicherheit, Heim und noch einigem mehr, was man gemeinsam erleben möchte. Die „negative Motivation" besteht aus Streit, Eifersucht, Mangel, Eingesperrtsein, Überforderung, Gewalt, Langeweile – die vollständige Liste dieser Gründe wäre ziemlich lang …

Es gibt natürlich auch noch den Fall, dass in einer Beziehung noch eine zweite oder dritte „positive Motivation" auftritt, die nicht mit der Beziehung vereinbar ist, wie ein Umzug ins Ausland, die ständige berufliche Abwesenheit, ein Seitensprung und dergleichen mehr.

Wenn der Druck in der Beziehung zu groß wird, hält die aktuelle Form der Beziehung diesem Druck nicht mehr stand und es kommt zu einer Verwandlung – manchmal zu einer Verwandlung in einer gewollten und angestrebten Weise, öfter jedoch in einer eher schmerzhaften und unberechenbaren Weise.

## Gemeinschafts-Verwandlungen

Auch in Gemeinschaften kann es zu Veränderungen kommen: in der Familie, in der Sippe, in einem Verein, in einem Unternehmen, in einer Partei usw. Die Gründe können hier recht vielfältig sein: eine Krise, in der die Gemeinschaft nicht mehr wie gewollt funktioniert; das Streben nach Macht eines Einzelnen in dieser Gemeinschaft; das gemeinschaftsschädigende Verhalten eines Einzelnen oder mehrere Gemeinschaftsmitglieder; unterschiedliche Vorstellungen darüber, wozu die Gemeinschaft da ist und was ihre Mitglieder tun sollen; der Tod eines prägende Mitglieds der Gemeinschaft; usw.. Auch hier ist die Zahl der möglichen Gründe für eine Verwandlung sehr groß.

Wie bei einer Beziehung kann sich die Gemeinschaft in solch einer Krise zu etwas Neuem verwandeln, sich von einzelnen Mitgliedern trennen, sich in mehrere Gruppen aufspalten oder sich als Ganzes auflösen. Wenn der Druck groß genug geworden ist – also in der Regel unterschiedliche Bestrebungen bei den Gemeinschafts-Mitgliedern – kann die alte Form diese Mitglieder nicht mehr zusammenhalten und es kommt zu einer Veränderung.

## Gesellschafts-Verwandlungen

Auch ganze Gesellschaften können sich verwanden. Manchmal geschieht dies still und leise und fast ungewollt und unbemerkt wie z.B. durch die Einführung des Fernsehens, das in den Haushalten an die Stelle des Hausaltars getreten ist – sowohl von dem Platz in der Wohnung als auch von der Aufmerksamkeit her. Auch die Handys, I-Phones und das Internet haben die Kultur und das Leben grundlegend verändert, wobei es fraglich ist, ob irgendjemand all die Wirkungen dieser Neuerungen vorhergesehen und auch genau so gewollt hat. Es gibt also auch Verwandlungen, die sich einfach also aus dem Fortschritt der Technik ergeben und die in ihren Auswirkungen nicht geplant und gewollt waren.

Die positiven Motivationen sind eher selten – der Regelfall ist die negative Motivation: Aufstände wegen großer Armut und Hungersnöten; Kriege wegen der Machtgier oder dem Größenwahn von Einzelnen; Befreiungsversuche von Diktaturen; Umsturzversuche aufgrund neuer Ideologien; usw. Meistens sind es ganz schlicht Notwendigkeit wie großer Hunger oder andere Bedrohungen, die in einer Gesellschaft zu grundlegenden Veränderungen führen.

Leider sind Gesellschaften oft nicht sehr weitsichtig, sondern eher ausgesprochen kurzsichtig, was ihre Motivationen angeht. Ansonsten würden wir uns Menschen anders verhalten und hätten schon vor 50 Jahren verhindert, dass es überhaupt zu einer menschengemachten Klimaerwärmung kommt.

### System-Verwandlungen

Schließlich gibt es noch die äußeren Gründe für Verwandlungen. Die heftigsten von ihnen sind die gewesen, die auch zu den fünf bisherigen Massensterben auf der Erde geführt haben: 1. Einschläge von großen Meteoriten, 2. große und langandauernde Vulkanausbrüche, und 3. das Driften der Kontinente zu den Polen, wodurch sie vereisen, der Meeresspiegel sinkt und sich die Lebensbedingungen auf der Erde grundlegend verändern.

Bei diesen fünf Katastrophen in der Erdgeschichte sind jedesmal 30% bis 70% aller Arten von Lebewesen ausgestorben – vor allem die größeren, die an der Spitze der Nahrungspyramide standen wie die großen Saurier. Die Würmer und die Insekten und die Einzeller hatten es leichter, Katastrophen zu überleben …

Heute arbeiten die Menschen (leider!) emsig daran, ein sechstes Massensterben auszulösen, was dazu geführt hat, dass bereits 28% aller Arten von Lebewesen gefährdet sind – und diesmal stehen nicht die Saurier, sondern wir Menschen ganz oben an der Spitze der Nahrungspyramide. Wie Eckard Hirschhausen zutreffend bemerkt hat, verhalten wir uns derzeit kollektiv so, dass wir gleichzeitig die Saurier und der Meteorit sind, der die Saurier vernichtet hat …

Es wird dringend Weitsicht und ein darauf beruhendes Handeln gebraucht. Doch es gibt offensichtlich leider auch Fälle, bei denen es einen ausgesprochen großen Grund zum Handeln und zu einer Verwandlung gibt, doch wo die Weitsicht und die Einsichtsfähigkeit nicht ausreichen, um daraus eine ausreichend große „negative Motivation" entstehen zu lassen, die dann auch zu einem effektiven Handeln führt.

Doch das ist schon das Thema eines späteren Kapitels dieses Buches.

### Essenz

Keine Wirkung ohne Ursache. Keine Verwandlung ohne Grund für diese Verwandlung.

# 2.  Bewertung

### Allgemeine Dynamik

Es gibt immer eine Wunschvorstellung, wie etwas sein sollte. Das führt – vereinfacht gesagt – zu einer Mauer zwischen dem, was als angenehm empfindet und daher im Innen haben will, und dem, was man als unangenehm empfindet und was man daher im Außen lassen will. Dies ist ein schlichter Schutz vor dem, was man nicht will, und die Förderung von dem, was man will.

### Individuelle Verwandlungen

Der Schutz von dem, was man gut findet, und der Schutz gegen das, was man schlecht findet, ist eine grundlegende Notwendigkeit. Sie ist ein Ausdruck des eigenen Lebens- und Überlebenswillens, ohne den man recht bald sterben würde. Nur das, was für das eigene Überleben sorgt, wird auch weiterleben.

Die schlichte Reaktion „Alles was ich nicht will, halte ich von mir fern!" ist zunächst einmal ausgesprochen sinnvoll. Es allerdings notwendig, sich in einem zweiten Schritt auch die Gesamtlage und die möglichen langfristigen Konsequenzen der eignen Handlungsmöglichkeiten anzusehen. Wenn dies nicht geschieht, kann das dazu führen, dass man nahende Ereignisse nicht sieht, die man derzeit noch einfach vermeiden könnte, die aber später sehr viel Stress machen würden.

Wenn aus diesem Schützen ein Isolieren wird, entstehen daraus schließlich psychische Krankheiten mit autistischen Aspekten. Das ist von Pink Floyd in „The Wall" anschaulich beschrieben worden.

Diese schlichte Selbstschutz-Reaktion sollte jedoch nicht dazu führen, dass man Dinge einfach nicht beachtet, sie aktiv ignoriert oder sie unbewusst verdrängt, weil sie so unangenehm sind – denn die Realität wird einen einholen …

Oder – um mit Michail Gorbatschow zu sprechen: „Wer zu spät kommt, den bestraft das Leben."

### Paar-Verwandlungen

Beziehungen sind zunächst einmal das Bestreben, gemeinsam ein Innen (eben die Beziehung) zu erschaffen, das man genießen kann. Dann ist eine Beziehung aber auch ein Schutz gegen das Außen, das stören könnte. Allerdings kann auch im Außen etwas (oder jemand) auftauchen, das Genuss-versprechend sein kann.

Was tun? Das Bestehende bewahren? Das Neue probieren? Alles beim Alten lassen? Einen Neuanfang wagen? Wie süßt sehen die Kirschen in Nachbars Garten aus? Oder ist einem der Spatz in der Hand lieber als die Taube auf dem Dach? Auch hier kann es dazu kommen, dass man den Mangel, den man spürt oder die auch die Verlockung, die man sieht, so lange ignoriert, bis die Beziehung „ausgetrocknet" ist oder ein kleiner Anlass zu einem großen Streit führt, der dann die schöne Fassade zusammen-brechen lässt.

Man sollte stets aufrichtig hinschauen, abwägen, die Möglichkeiten sehen und dann entscheiden, was man tun will und ob eine Verwandlung ansteht. Doch auch das ist schon wieder das Thema von späteren Kapiteln.


### Gemeinschafts-Verwandlungen

In einer Gemeinschaft gibt es sehr oft die allgemeine Tendenz, alles beim Alten zu lassen – die jedoch in der Regel von einigen „Unruhestiftern" gestört wird. Das Bewahren des Bestandes ist eine sinnvolle Haltung, denn das Bisherige hat ja einigermaßen funktioniert und Veränderungen sind ja nur sinnvoll, wenn man dadurch zu etwas Besserem gelangt.

Es gibt also auch in Gemeinschaften eine gewisse „bewahrende Trägheit", die allen Veränderungen entgegenwirkt. Das ist durchaus sinnvoll, denn dadurch müssen die, die etwas verändern wollen, die Notwendigkeit für diese Veränderungen deutlich, klar und überzeugend darlegen.

Es kommt natürlich trotzdem vor, dass eine Veränderung eigentlich dringend notwen-dig wäre, aber dass die, die sie durchführen müssten, einfach zu bequem dazu sind und diese Mühe anderen überlassen wollen oder die Notwendigkeit für die Verände-rung schlicht ignorieren.

Das kann dann jedoch dazu führen, dass diese Gemeinschaft schließlich als Ganzes scheitert und durch die äußeren Umstände oder die inneren Notwendigkeiten, die vorher ignoriert worden sind, zerstört wird.


### Gesellschafts-Verwandlungen

Auch ganze Gesellschaften haben diese Neigung zum Bewahren und Beschützen, was dann u.a. die konservativen Richtungen in der Politik ausmacht.

Oft schützen sich Gesellschaften auch gegen andere Gesellschaften mit einem ande-ren System. Das führt dann nicht nur zur Aufrüstung, sondern auch ganz konkret zu

Mauern, Stacheldraht und Minenfeldern wie bei der „Berliner Mauer", dem „Eisernen Vorhang" beim Kalten Krieg zwischen West und Ost, d.h. zwischen der BRD und der DDR, die geplante Mauer zwischen den USA und Mexiko, der Grenze zwischen Nordkorea und Südkorea und Ähnlichem mehr. Zunächst einmal ist die Abgrenzung gegen das Unerwünschte natürlich sowohl sinnvoll als auch notwendig, aber wenn das zu Kriegen führt, ist schließlich nichts mehr übrig, was beschützt werden könnte. Das Abgrenzen muss also durch das Gespräch miteinander und durch die Bereitschaft zu einer Veränderung ergänzt werden.

Noch deutlicher ist die Notwendigkeit des Aufrechterhaltens des Realitätskontaktes – der in dem Bunker der kurzsichtigen Selbsterhaltung schon mal verloren gehen kann – bei solchen Themen wie Naturschutz, Artensterben, Umweltschutz. Wenn man hier die Mauern der Ignoranz stehen lässt, werden irgendwann die Konsequenzen dieser Gleichgültigkeit von Außen her durch diese Mauern in das eigene Heim brechen, denn jeder ist – egal wie hoch und wie dick der Zaun um das eigen Grundstück auch sein mag, auch ein Teil des gesamten Lebens auf der Erde.

Schutz des Eigenen ist gut, aber er muss stets mit der Weitsicht, die die Gesamtsituation erfasst, verbunden sein, da man sonst notwendige Veränderungen nicht sieht – geschweige denn sie durchführt.

Doch wenn dies nicht geschieht, werden die Kinder und Enkel dieser Menschen die Folgen des Nicht-Handelns ihrer Eltern und Großeltern tragen müssen …

### <u>System-Verwandlungen</u>

Auch ganze Systeme haben eine Neigung zur Bewahrung des bestehenden Zustandes – allerdings gibt es in ihnen auch die ständige Verwandlung und Weiterentwicklung. Es gibt Tierarten wie z.B. viele Insekten, die auch schon vor 150 Millionen Jahren fast genauso wie heute ausgesehen haben und die mehrere Massensterben überlebt haben. Andere Arten wie z.B. die Menschen gibt es erst seit 1 Millionen Jahre und ungefähr so wie heute sehen sie erst seit ca. 50.000 Jahren aus – wobei sie erst in den letzten 500 Jahren die heutige Größe erreicht haben.

Ganze System haben eine andere Entwicklungstendenz als Menschen und menschliche Systeme, weil natürlich System wie z.B. die Gesamtheit der Lebewesen auf der Erde keine Ignorieren der Realität und auch keine Verdrängung von Tatsachen kennen, sondern sich so weiterentwickeln, wie es sich aus den allgemeinen Einflüsse und Möglichkeiten ergibt.

Menschen haben zudem ein Ziel – ganze Systeme wie das Leben auf der Erde entwickelt sich nicht auf ein Ziel hin, sondern entwickelt sich gemäß den vorhanden Einflüssen wie Nahrung, Wetter, Fressfeinde, Krankheiten, Naturkatastrophen usw.

Die Verwandlungen in ganzen Systemen sind nichts, was dieses System anstrebt, sondern sie sind einfach Teil der Entwicklung dieses Systems. Allerdings hat der Mensch als Teil des „Systems Erde" die Möglichkeit, die Lage in seinem System bewusst zu überschauen, die Konsequenzen seiner verschiedenen Handlungsmöglichkeiten einzuschätzen und dann sinnvoll zu handeln. Leider machen wir Menschen von dieser eigentlich sehr erfreulichen Möglichkeit nicht allzu regen Gebrauch …

## **Essenz**

Bewahrung und Schutz sind gut – sie sind wie eine Haut. Aber man sollte sie durch Augen, die alles sehen, und durch ein Gehirn, das alles bedenkt, ergänzen.

# 3.  Informationen

Ⅱ

### Allgemeine Dynamik

Alles was man will und was man tut, hat als Grundlege die Informationen über das, was da ist, und über das, was gerade vor sich geht. Das, was man nicht weiß, kann man weder bedenken noch benutzen.

Im Zustand der Unwissenheit brechen die Verwandlungen über den Unwissenden herein – im Zustand des Wissens kann der Wissende die Verwandlungen herbeiführen und in seinem Sinne lenken.

### Individuelle Verwandlungen

Was will ich? Welche Möglichkeiten sehr ich? Welche neuen Möglichkeiten kann ich erschaffen? Nach welchen Möglichkeiten kann ich suchen? Wen kann ich danach fragen? – Sprechen und Denken erweitern die eigenen Handlungsmöglichkeiten und zeigen und ermöglichen auch die wünschenswerten Verwandlungen.

Um mit diesem Fragen und Denken zu beginnen, muss natürlich erste einmal eine positive oder negative Motivation für eine Veränderung vorhanden sein (Kapitel 1) und man muss zu dem die Bereitschaft haben, sich die Dinge wirklich anzuschauen anstatt sich hinter der Hecke rings um den eigenen Garten zu verschanzen (Kapitel 2).

Diese „Ich sehe nichts!"-Haltung hat die Band „Supertamp"  sehr anschaulich auf dem Cover ihrer CD „Crisis? What Cirsis?" dargestellt.

### Paar-Verwandlungen

Auch als Paar muss man die Möglichkeiten sehen, um über Veränderungen nachdenken zu können, d.h. sich zu etwas anderem als dem, wie es gerade ist, hingezogen fühlen zu können. Generell gibt es in Beziehungen diejenigen, die die Beständigkeit suchen und die daher an der Beziehung festhalten, und diejenigen, die das Beste suchen und daher eine Beziehung auch beenden können.

Eine Besonderheit bei Beziehungen ist, dass sie nur so lange halten, wie das beide wollen – wenn einer der beiden die Beziehung nicht mehr weiterführen will, ist die Beziehung zu Ende.

## Gemeinschafts-Verwandlungen

Auch hier prägen die Möglichkeiten, die die Einzelnen für diese Gemeinschaft sehen, die Verwandlungen dieser Gemeinschaft. Diese Verwandlungen können solidarische Gründe haben, d.h. sich auf die Förderung und die Weiterentwicklung der Gemeinschaft beziehen, aber sie können auch rein egoistische Gründe haben und sich nur auf den eigenen Vorteil beziehen und evtl. aus einer „Plünderung" der Gemeinschaft bestehen.

## Gesellschafts-Verwandlungen

Gesellschaften können sich ebenfalls nur dann weiterentwickeln, denn vielen in der Gesellschaft eine Möglichkeit bewusst wir und wenn diese Vielen sich auch als eine Gemeinschaft innerhalb der Gesellschaft wahrnehmen. In der Regel geschieht dies, wenn es ein dringendes Problem gibt (Kapitel 1) und diese Problem nur durch eine Veränderung beseitigt werden kann (Kapitel 2) und schließlich jemand dazu ein Buch schreibt, Reden hält oder sonstwie Lösungen für dieses Problem eine großen Gruppe von Menschen deutlich macht. Dabei entstehen in der Regel auch Schlagworte, Fachbegriffe, Programme, Gründungsurkunden und dergleichen mehr.

Die Grundlage dafür ist das Erkennen von zukünftigen Probleme, das Forschen sowie die klare Darstellung von Problemen, Möglichkeiten und Lösungswegen. Idealerweise erden die anderen durch die Klarheit der Darstellung zu der Einsicht in die Notwendigkeit des Handelns gebracht.

## System-Verwandlungen

Systeme brauchen keine Information in Form von Worten – die Informationen werden durch Tatsachen und Konsequenzen übertragen und verbreitet. Das kann ein zu großes anwachsen einer Bevölkerung oder der Population einer Tierart sein, die zu Hungersnöten führt; das kann ein Vulkanausbruch sein; oder die Klimaerwärmung und noch vieles andere. Die Welt ringsum verändert sich und führt dazu, dass sich das Leben für alle Lebewesen in diesem System ändert – oder ganz schlicht endet …

## Essenz

Wachheit und Wissen sind förderlich für Verwandlungen, die die Lage verbessern.

# 4.  Betroffenheit

♋

### Allgemeine Dynamik

Es genügt nicht, dass ein Problem gesehen, erkannt und verstanden wird – aus einer Erkenntnis wird nur eine Handlung, wird man auch sieht, welche Wichtigkeit dieses Thema für einen selber hat. Nur die eigene Betroffenheit führt dazu, dass man sich erhebt und die Sache anpacken und ändern will.

Oft sind Bilder, Beispiele, Vergleiche oder bildhafte Umschreibungen notwendig, damit die Botschaft des Redners oder Schreibers (Kapitel 3) bei den Hörnern bzw. Lesern (Kapitel 4) ankommt.

Nur dann, wenn jemand ein Thema an sich heranlässt und es nicht abwehrt und verdrängt, können der Drang zu einer Veränderung und die Bereitschaft zu einer Handlung entstehen.

### Individuelle Verwandlungen

Auch der einzelne Mensch reagiert nur dann mit einer Handlung, wenn er die Wahrnehmung des Problems (Kapitel 1) an sich heranlässt, über den eigenen Gartenzaun hinausschaut (Kapitel 2) und die Informationen und Überlegungen, die er zu diesem Problem hat, als Tatsachen akzeptiert. Doch wenn er dies tut, wird automatisch ein Gefühl aufsteigen, das die das Unangenehme beseitigen und das Angenehme erreichen will – es entsteht in ihm eine Motivation, die etwas verändern will.

Wenn das geschieht, öffnet er Tür und Fenster und schaut nach draußen und sucht nach konkreten Möglichkeiten.

### Paar-Verwandlungen

Dieselbe Dynamik findet sich auch in Beziehungen – wobei es da in der Regel nur einer der beiden ist, der diese Beziehung oder eine bestimmte Dynamik, Belastung oder Einschränkung in dieser Beziehung nicht mehr aushält. Auch in diesem Menschen ist das ein Gefühl, ein Bedürfnis, ein Verlangen, ein Schmerz oder Ähnliches, das ihn zu der Suche nach einer Veränderung treibt. Tatsachen sind zunächst einmal einfach nur da (Kapitel 1).

In einem zweiten Schritt kann man ihre Wirkungen auf das eigene Leben sehen (Kapitel 2).

Man kann dann über diese Tatsachen nachdenken und sie und die eigenen Handlungs-möglichkeiten besser verstehen – doch Gedanken zeigen zunächst einmal nur Formen und Strukturen (Kapitel 3).

Doch das Erkennen der Bedeutung der Tatsachen für das eigene Leben führt zu Betroffenheit, zu Gefühlen und zu Motivationen. Die Gefühle haben eine Kraft und eine Richtung und drängen zur Tat (Kapitel 4).


### Gemeinschafts-Verwandlungen

In einer Gruppe sind es in der Regel einer oder mehrere Einzelne, die sich dem Problem öffnen und den Stand der Dinge, wie sie gerade sind, nicht mehr aushalten können und ihn verändern wollen. Sie werden von den anderen zunächst einmal als Unruhestifter angesehen, bis es immer mehr werden, die die Notwendigkeit zu der Veränderung, auf die diese „Unruhestifter" hinweisen, einsehen und sich daher von dem Thema betroffen fühlen. Erst wenn es eine Mehrheit oder zumindest einen gro-ßen Anteil an der Gemeinschaft gibt, die dieses Problem sieht, als dringend empfindet und etwas unternehmen will, gibt es die Chance, dass sich diese Gemeinschaft verändert.


### Gesellschafts-Verwandlungen

Dasselbe wie für die Gemeinschaft gilt auch für die Gesellschaft: Auch hier müssen zunächst einmal Einzelne oder kleine Gruppen auf das Problem hinweisen und genügend Menschen müssen ihnen zuhören und erkennen, dass das, was da gesagt wird, auch ganz konkret sie selber betrifft, bevor sich in einer Gesellschaft etwas in Bewegung setzen kann.

Solch eine Einzelne ist z.B. Greta Thunberg, die die „Fridays for Future"-Bewegung in Gang gebracht hat und schließlich sogar vor der UNO gesprochen hat: „Wie könnt ihr es wagen …!"

Manchmal gründen sich auch aufgrund eines großen Problems neue Parteien wie dies bei den Grünen in Bezug auf die Umweltzerstörung und bei der AfD in Bezug auf das ungelöste Problem der Migration der Fall gewesen ist – wobei sich die AfD erst nach und nach zu einer „Anti-Migranten-Partei" entwickelt hat.

In einigen Fällen gibt es auch eine Art Arbeitsteilung wie zwischen Karl Marx und Friedrich Engels, bei der der eine (Marx) die Lage analysiert und die Möglichkeiten darlegt (Kapitel 3) und der andere (Engels) die Menschen aufrüttelt und ihre Gefühle und somit den Drang, etwas zu verändert weckt (Kapitel 4).

An dieser Stelle der Entwicklung ist es notwendig, dass sich diejenigen, die alle von demselben Problem betroffen sind, dasselbe Gefühl und dasselbe Ziel haben, als eine Gruppe wahrnehmen können – erst dann können diese Menschen gesellschaftlich wirksam werden. So hat sich z.B. bei einer 1985 in den USA durchgeführten Umfrage herausgestellt, dass 40% der erwachsenen Amerikaner eine Weltsicht haben, die als „Culture Creatives" umschrieben worden ist. Doch diese 40% – immerhin ein Viertel der Erwachsenen in den USA – glauben alle, dass sie mit ihrer Weltsicht und mit ihren Zielen weitgehend alleine dastehen. Daher ist aus diesen „Culture Creatives" damals keine große Bewegung oder Partei geworden.

### System-Verwandlungen

Systeme brauchen keine Betroffenheit oder Gefühle, um sich zu ändern – das ist etwas, was auf einzelne Lebewesen oder auf Gruppen von Lebewesen in einem System beschränkt ist. Wenn auf der Erde eine Eiszeit anbricht, weil z.B. die Kontinente zu den Polen driften, betrifft das alle Lebewesen auf der Erde, doch das System selber – also die Erde – hat keinerlei Motivation, daran irgendetwas zu verändern.

### Essenz

Einsichten helfen, die Situation zu verstehen, doch erst Gefühle führen zu Motivation, auch etwas zu verändern.

# 5.  Entschluss

♌

### Allgemeine Dynamik

Wenn sich die Lage geändert hat (Kapitel 1), man die möglichen Vor- und Nachteile sieht (Kapitel 2), man die Möglichkeiten ergründet hat (Kapitel 3) und so betroffen von all dem ist, dass man etwas tun will (Kapitel 4) gelangt man zu dem Entschluss, etwas bestimmtes zu tun, um etwas Angenehmes zu erreichen oder um etwas Unangenehmes zu vermeiden.

Dieser Entschluss bündelt den Willen, der vorher wie das diffuse Licht einer Kerze gewesen ist, zu einem Willen, der einsgerichtet wie ein Laserstrahl ist. Nur mit diesem Entschluss, dieser Ausrichtung und dieser Bündelung kann der Wille wirklich wirksam werden.

### Individuelle Verwandlungen

Wenn man etwas als Einzelner in seinem Leben erreichen will, braucht man ebenfalls diese Einsgerichtetheit. Sie lenkt die eigenen Fähigkeiten, die eigene Kraft, das eigen Bewusstsein und die eigene Lebenskraft auf ein Ziel aus. Erst durch diesen Entschluss wird es möglich, mit den eigenen Taten auch Erfolg zu haben.

Im vorigen Schritt (Kapitel 4) ist zwar die Betroffenheit entstanden, aber diese Gefühle sind noch vielfältig und haben keine klare Quelle und kein klares Ziel – erst durch den Entschluss werden die Gefühle fest mit dem Ich verbunden – und dieses Ich fasst dann einen Entschluss: „Ich will!"

### Paar-Verwandlungen

Auch ein Paar kann solche Entschlüsse fassen: zusammen sein, heiraten, Kinder bekommen, eine Paar-Therapie beginnen, sich trennen und noch vieles mehr. Auch dazu sind Entschlüsse notwendig.

Bei allem, was beide gemeinsam tun wollen, müssen beide diesen Entschluss fassen – bei allem, was nur einer tun will oder was eine Trennung bedeutet, kann dieser Entschluss auch von nur einem der beiden gefasst werden.

Erst der Entschluss bringt die Entwicklung und die Veränderung in Gang.

## Gemeinschafts-Verwandlungen

In einer Gemeinschaft sind es in der Regel wieder ein Einzelner oder ein kleine Gruppe, die den Entschluss fasst, etwas zu verändern. Die anderen können dann mitmachen oder nicht – und dieser Einzelnen oder diese Gruppe wird dann mit der Gemeinschaft den Entschluss umsetzen oder eben aus der Gemeinschaft austreten und es alleine tun oder eine andere Gruppe suchen.

Solche Entschlüsse innerhalb einer Gemeinschaft werden oft als Revolution innerhalb der Gemeinschaft empfunden und führen des Öfteren zu einer Spaltung dieser Gemeinschaft – aber es gibt natürlich auch die Möglichkeit, dass die Entschlüsse der Einzelnen die gesamte Gemeinschaft überzeugen können.

## Gesellschafts-Verwandlungen

In einer Gesellschaft werden solchen neuen Entschlüsse oft zu Forschungsgemeinschaften, Vereinen, Unternehmen, NGOs oder Parteien, da sie eine offizielle Form brauchen, um wirksam werden zu können und vor allem auch, um zu einer großen Bewegung anwachsen zu können, der sich viele Menschen anschließen.

In aller Regel führt dies dann zu Auseinandersetzungen zwischen den verschiedenen Werten und Ansichten in dieser Gesellschaft – wobei es oft nicht gerade einfach ist, sie zu einem gemeinsamen Vorgehen zusammenzufassen. Das ist besonders bei den Diskussionen und manchmal geradezu Feindschaften zwischen Parteien zu beobachten, die dann „Unvereinbarkeits-Beschlüsse" u.ä. fassen und allgemein bekannt machen.

## System-Verwandlungen

Systeme fassen wieder keine Beschlüsse, sondern entwickeln sich aus ihrer Eigendynamik heraus weiter.

Diesen „Entschlüssen" kann man noch am ehesten das Entstehen neuer Strukturen oder das Auflösen alter Strukturen in einem System vergleichen.

## Essenz

Die Gefühle der Betroffenheit müssen mit der lenkenden und entscheidenden Instanz (bei dem Menschen also mit dem Ich) verbunden werden, damit sie zu einem Entschluss werden können, der dann eine Handlung in Bewegung setzen kann, die schließlich zu einer Veränderung führt.

# 6.  Planung

♍

### <u>Allgemeine Dynamik</u>

Der Entschluss richtet die den Willen, das Bewusstsein und die Kraft auf ein Ziel aus, aber das Ziel kann erst erreicht werden, wenn auch ein Weg zu diesem Ziel erkundet und beschrieben worden ist.

Dies ist der nächste Schritt: Man muss wissen, wo man anfangen kann, was man für den Weg braucht, und worauf man achten muss.

### <u>Individuelle Verwandlungen</u>

Wenn man etwas Gutes erreichen oder etwas Schlechtes vermeiden will, ist Sachkenntnis sowohl über das Gute bzw. Schlechte als auch über das eigene Verhältnis diesem Guten bzw. Schlechten und über den Weg dorthin bzw. von ihm fort erforderlich.

Diese Sachkenntnis ist stets erforderlich. Manchmal hat man diese Sachkenntnis bereits, aber in anderen Fällen muss man sich erst einmal kundig machen. Wie funktio-niert dieses PC-Programm? Was will dieser Mann von mir? Welche Vorlieben hat diese Frau? Welche Regeln gibt es in diesem Verein? Welcher Beruf passt am besten zu mir?

Die wichtigste Sachkenntnis dabei ist natürlich die Selbsterkenntnis, denn wenn man sich nicht selber recht gut kennt, kann es passieren, dass man mit viel Energie und Beharrlichkeit Ziele anstrebt, die sich dann, wenn man sie erreicht hat, als gar nicht so erstrebenswert herausstellen.

### <u>Paar-Verwandlungen</u>

Auch ein Paar braucht diese Sachkenntnis – jeder muss sich selber erkennen und verstehen und beide dann auch noch den anderen. Das ist schon im Alltag wichtig, aber noch mehr, wenn man eine Veränderung anstrebt. Daher kann es förderlich sein, sich Hilfe von jemandem zu holen, der sich gut mit den Dynamiken und Möglichkeiten innerhalb von Paar-Beziehungen auskennt.

In diesem Zusammenhang werden die eigenen inneren Bilder wichtig. Jeder trägt ein Selbstbild in sich und zudem auch noch ein Suchbild – der innere Mann und die innere Frau. Solange die eigene Psyche weitgehend heil ist, sind diese beiden Bilder ausreichend klar erkennbar.

Wenn man jedoch heftige Dinge erlebt und noch nicht verarbeitet und geheilt hat, kann es sein, dass sich diese beiden inneren Bilder polarisiert haben und zu „Süchtiger und Asket", zu „Täter und Opfer" oder zu Angeber und Schüchterner" geworden sind. Diese Polarisierung geschieht dann mit beiden Bildern – also mit dem innen Frauenbild und dem inneren Männerbild.

Ein Mann, der z.B. schüchtern ist, spielt dann die Rolle des Schüchternen, aber es wird in seinem Leben auch den Angeber geben – und ebenso die Schüchterne und die Angeberin. Wahrscheinlich wird er sich eine Angeberin für seine Beziehung suchen, einen anderen Schüchternen als Freund, einen Angeber als Feind und eine Schüchterne als Vertraute. Daraus baut er dann das eigene Lebensdrama mit dem Titel „Wo ist nur meine Selbstliebe geblieben?", denn das, was dieses Schauspiel prägt, sind die Selbstzweifel, die entweder zu der „zu lauten" Angeberei oder zu der „zu leisen" Schüchternheit führen.

## Gemeinschafts-Verwandlungen

Auch eine Gemeinschaft muss sich erst einmal diese Sachkenntnis über das Thema, bei dem man etwas erreichen will, erwerben, bevor sie etwas tun kann.

Zudem muss jeder Einzelne klar erkennen, was die eignen Stärken und Fähigkeiten sind und an welcher Stelle in dieser Gemeinschaft er am besten stehen sollte. Der zuverlässige Kassierer ist nicht unbedingt auch für das Halten von Reden vor großem Publikum geeignet und den geniale Erfinder sollte man in den meisten Fällen lieber nicht an die Buchhaltung heranlassen.

## Gesellschafts-Verwandlungen

In einer Gesellschaft bildet sich diese notwendige Sachkenntnis meist nur zögerlich, da es in ihr immer viele gibt, die alles beim Alten lassen wollen und die jede Veränderung als einen Verlust ansehen. Daher muss die Sachkenntnis zu einem Thema schon sehr klar und deutlich und überzeugend dargestellt werden und zudem die Nachteile des Nicht-Handelns offensichtlich werden, damit etwas geschieht.

Doch selbst dann wird es noch immer Gegenwehr geben, weil manche fürchten, dass sie ihre Vorteile verlieren oder für etwas bezahlen sollen, was anderen zugutekommt und dergleichen mehr.

Veränderungen in einer Gesellschaft rufen eigentlich immer Gegenwehr hervor. Das liegt zum einen daran, dass die einen eine Maßnahme als dringend und für alle verbindlich erforderlich einschätzen, während die anderen sie für eine riesige Bedrohung der Menschen halten.

Ein drastisches Beispiel dafür ist das Impfen während der Coronakrise: Während die einen nicht schnell genug einen Mundschutz erhalten und geimpft werden konnten, weil sie Angst um ihr Leben hatten, wehrten sich die anderen nach Leibeskräften gegen das Impfen und den Mundschutz, weil sie Angst um ihre Freiheit hatten.

Wegen dieser verschiedenen Sichtweisen, die sich unvereinbar gegenüber stehen und sich gegenseitig hochschaukeln können, sind gesellschaftliche Veränderungen fast niemals einfach …

## System-Verwandlungen

Die System-Verwandlung braucht keine Sachkenntnis, denn ein System sucht sich seinen Weg durch die Evolution, also durch den Umgang der Einzelnen in diesem System mit den veränderten Umständen.

Das Leben auf der Erde hat sich so entwickelt, wie es sich entwickelt hat, weil es eben genau die Möglichkeiten gab, die es gab, und weil genau die Umstände auf der Erde geherrscht haben, die damals da gewesen sind.

Ein System entwickelt sich nicht durch bewusste Entscheidungen und durch Sachkenntnis, sondern durch physische Veränderungen, durch viele kleine Ursachen und Wirkungen.

Ein System entwickelt sich nicht bewusst auf ein Ziel hin, sondern physikalisch aus der Kausalität heraus.

## Essenz

Die Sachkenntnis zeigt den Weg zum Ziel – das sinnvolle Vorgehen bei der Verwandlung.

# 7.  Vertrauen

♎

### Allgemeine Dynamik

Es gibt noch einen wichtigen Faktor, der eine Veränderung ermöglicht. Der erste wichtige Punkt (Kapitel 1) war das Vorhandensein von etwas, was man ersehnt oder von etwas, was man fürchtet. Der zweite wichtige Punkt war die Betroffenheit, durch die man erlebt, dass ein Thema für einen selber wichtig ist (Kapitel 4). Nun kommt noch hinzu, dass man das ersehnte Ziel für erreichbar hält (Kapitel 7). Nur dann, wenn man einen Weg sieht und es für möglich hälft, diesen Weg auch bis zu dem eigenen Ziel zu gehen, wird man aufbrechen und die Veränderung anstreben können.

Es wird also allgemein das Vertrauen in die Welt und speziell das Vertrauen in die Erreichbarkeit des Zieles  gebraucht.

### Individuelle Verwandlungen

Jeder Einzelne braucht, um losgehen zu können, das Vertrauen darin, an das Ziel gelangen zu können. Dabei gibt es zwei Dynamiken, die wichtig sind.

Die erste Dynamik besteht darin, dass man erkennt, ob man eine Rolle spielt, und wenn ja, welche. Solange man z.B. in der Rolle des Süchtigen oder des Angebers gefangen ist und nicht ganz bei sich selber ist, wird auch das eigene Leben durch die Rolle des Süchtigen bzw. durch die Rolle des Angebers geprägt sein. Um eine Verwandlung zu erreichen, wird es daher notwendig sein, diese Rolle aufzulösen und die eigene Psyche von den dieser Rolle zugrundeliegenden Gefühlen zu heilen. Bei dem Süchtigen und dem Asketen ist dies der Mangel – die verlorene Fülle; bei dem Täter und dem Opfer ist dies die Angst – die verlorene Kraft; und bei dem Angeber und dem Schüchternen ist dies der Selbstzweifel – die verlorene Selbstliebe.

Die zweite Dynamik besteht darin, dass man dann, wenn man klar auf eine Ziel ausgerichtet ist und es sich bildlich vorstellt, eine Resonanz in der Welt zu diesem Bild hervorruft, die dann einem dann als „sinnvoller Zufall" hilft, das eigene Ziel zu erreichen.

### Paar-Verwandlungen

Verwandlungen in einer Beziehung beginnen – wenn es sich bei diesen Verwandlungen um Heilungen handelt – oft damit, dass man die Bilder und Gefühle, die man auf den anderen projiziert hat, wieder zu sich zurücknimmt.

Das bedeutet für den gierigen Süchtigen, dass er sieht, dass er immer wieder einen hilfsbereiten Asketen in sein Leben zieht – und für den Asketen, dass er ständig einen Süchtigen in sein Leben zieht. Den Streit um die Fülle, der das Leben der beiden prägt, können beide schließlich nur gemeinsam aufführen.

Dadurch, dass der Süchtige erkennt, dass er auch einen Asketen in sich trägt, und dass dieses Bild des Asketen ein Teil seiner eigenen Psyche ist, kommt er der Ursache des Leidens in seinem Leben und in seinen Beziehungen einen großen Schritt näher: Er sieht den eigentlichen Streit nun nicht mehr im Außen in seiner Beziehung, sondern zwischen zwei Bildern in seinem Inneren.

Dasselbe gilt auch für den Asketen, der das Bild des Süchtigen in sich selber wiederfindet, das ihn ständig im Außen auf Süchtige treffen lässt. Diese Dynamik gibt es auch bei dem Täter und dem Opfer und ebenso bei dem Angeber und dem Schüchternen – beide kennen ihren Gegenpol nur allzu gut, weil sie dessen Bild in sich tragen.

## Gemeinschafts-Verwandlungen

In Gemeinschaften ist es gibt es oft mehrere Gruppen, die verschiedene Charaktere, Vorgehensweisen und Ziele haben. Um effektiv zu sein, muss sich eine Gemeinschaft jedoch auf ein Ziel und eine Vorgehensweise einigen – zu der dann jeder gemäß seiner eigenen Veranlagung und seiner eigenen Talente und Fähigkeiten etwas beitragen kann.

Wenn dies erreicht werden kann, kann diese Gemeinschaft trotz widriger Umstände und mangelnder Finanzen u.ä. trotzdem mithilfe des „sinnvollen Zufalls" die eigenen Ziele erreichen.

## Gesellschafts-Verwandlungen

In einer Gesellschaft gibt es anstelle der Gruppen vor allem die Parteien, die verschiedene Dinge anstreben. Auch hier können die Verwandlungen primär vor allem durch eine grundlegende Einigkeit im Ziel und dann sekundär auch durch die Hilfe des „sinnvollen Zufalls" ihre Ziele erreichen.

Hier wäre eine Regierungsform, die deutlich mehr als die heutigen Regierungsformen von Kooperation geprägt ist, ausgesprochen hilfreich. Wenn alle die Notwendigkeit einer Veränderung einsehen und an ihr mitarbeiten, wird diese Verwandlung deutlich einfacher vonstattengehen.

**System-Verwandlungen**

System-Verwandlungen haben die Eigenheit, dass sie in der Regel durch eine grundlegende Veränderung eingeleitet werden, die dann auf alle Bereiche des Systems in gleicher Weise wirkt – wie z.B. die Vereisung der Kontinente, als sie vor 430 Millionen Jahren deutlich näher an den Südpol der Erde gedriftet waren.


**Essenz**

Für eine friedliche Verwandlung ist eine weitgehende Einigkeit notwendig – und eine solche Einsgerichtetheit ruft den „sinnvollen Zufall" als Resonanz zu dieser Einsgerichtetheit herbei.

# 8.  Auflösung

♏

### **Allgemeine Dynamik**

Bei Veränderungen und Verwandlungen kann man häufig Polaritäten beobachten: Reich und Arm, der eine Staat und der andere, das eine politische System und das andere, die Konservativen und Progressiven, die Vertreter der Freiheit und die Vertreter der Solidarität, usw. Diese Polarisierungen sind eine „entweder oder"-Polarität, bei denen beide Pole jeweils nach dem Sieg über den anderen Pol streben.

Es gibt auch neutrale Pole wie Tag und Nacht, Sommer und Winter, Südpol und Nordpol, Ebbe und Flut, und dergleichen mehr. Sie bewirken die Entstehung von Zyklen.

Dann gibt es die schöpferischen Pole wie Mann und Frau, wie Anima und Animus bei C.G. Jung, wie Yin und Yang bei den Chinesen, Feuer und Eis bei den Germanen, Sulphur und Mercurius bei den Alchemisten und so weiter. Sie sind die beiden Pole, die dazu führen, dass sich etwas entfaltet.

Weiterhin gibt es die Art von Polaritäten, die die beiden auseinandergebrochenen und polarisierten Hälften eines ursprünglichen Ganzen sind: Über-Ich und Verdrängtes bei Sigmund Freud; Licht und Schatten bei C.G Jung; Asket und Süchtiger, die aus dem Verlust der Fülle entstehen; Täter und Opfer, die aus dem Verlust der Kraft entstehen; und Angeber und Schüchterner, die aus dem Verlust der Selbstliebe entstehen. Sie sind Gegensätze, die nach einer Heilung suchen.

Die Heilung dieser polarisierten Gegensätze hat fünf Schritte: 1. das Erkennen der Polarisierung; 2. das Erkennen dass man diese Polarisierung in sich trägt; 3. das Annehmen seines Gegenpols; 4. die Auflösung der Polarisierung; und 5. die Neuentstehung des ursprünglichen Ganzen.

Der 4. Dieser fünf Schritte ist der schwierigste Teil, aber auch der, der letztlich die Heilung der krankhaften Polarisierung ermöglicht. Diese Auflösungsphase wird in der Psychologie „Krise" genannt – bei den Alchemisten hat sie den etwas poetischeren Namen „Rabenkopf", weil in dieser Phase alles schwarz wird wie Humus, aus dem dann anschließend das Neue entsteht. Diese Auflösung entspricht der Verpuppung bei den Insekten, die dabei von der Made oder Raupe zum Insekt oder Schmetterling verwandeln.

# Individuelle Verwandlungen

Diese Verwandlung wird in einem einzelnen Menschen durch die Hingabe an etwas Höheres, Besseres möglich – man lässt das Alte los, damit das Neue entstehen kann. Dieses Neue ist in den meisten Fällen die eigene Seele oder das „eigene Wahre Selbst" – für diese Essenz des eigenen Wesens gibt es viele Namen.

In Mysterien und Mythen wir dieser Vorgang als Reise in die Unterwelt beschrieben und in den dazugehörigen Ritualen auch wie eine Bestattung und eine Auferstehung dargestellt. Dabei lösen sich die beiden polarisierten Hälften in diesem Menschen („Licht" und „Schatten") auf und die Einzelteile dieser beiden Polen können sich wieder in der heilen Form als die ursprüngliche Mitte zusammensetzen C. G Jung nennt diesen Vorgang in Anlehnung an die Alchemie „Mysterium conjunctionis", („Geheimnis der Vereinigung").

Das wesentliche Element bei diesem Prozess ist das Loslassen des Alten – wie sollte es sonst Platz für etwas Neues geben können?


# Paar-Verwandlungen

Auch das Ende von Beziehung sind solche Krisen, bei denen man das Alte loslässt und dadurch Raum für etwas Neues erschafft – auch wenn man noch nicht weiß, was da kommen wird und ob da überhaupt noch etwas kommen wird.

Man braucht auch hier den Mut zu dem Sprung ins Ungewisse.


# Gemeinschafts-Verwandlungen

Wenn sich ganze Gemeinschaften verwandeln, besteht die Gefahr, dass sie ganz auseinander fallen. Solche Verwandlungen können jedoch auch heilsame Reinigungen und sinnvolle Neuausrichtungen sein, die dann ein effektiveres Handeln ermöglichen.

Dabei gibt es in Gemeinschaften jedoch vieles, was zum einen die Krisen herbeiführen kann und was auch während der Krisen geschehen kann: Irrtümer, Rückschlägen, Putschversuchen, Angriffen, Gegnern, Sabotage, Trittbrettfahrer, Schmarotzer, das lenken in ungewollte Richtungen, Ausnutzung durch andere mit anderen Motivationen, und noch einiges mehr.

In Gemeinschaften kann es zu einer Vielfalt an Auseinandersetzung kommen, die eine einzelner oder ein Paar in dieser Weise nicht erleben wird. Die Lösung ist daher nicht immer nur die Auflösung, sondern manchmal auch die Reduzierung der Mitglieder, die Aufspaltung der Gemeinschaft in mehrere Gruppen, der Ausschluss von Mitgliedern u.ä., durch die die Einheitlichkeit der Werte, Absichten und Bestrebungen wiederhergestellt werden kann.

In Firmen ist diese Krise meistens nicht die Auflösung, sondern ein Gesund-schrumpfen, die Besinnung auf das Kerngeschäft, die Konkursanmeldung und Ähnliches. Damit das auf erfolgreiche Weise geschieht, ist en Sachlichkeit, Entschlossenheit und ein klares Ziel notwendig – und angenehm wird solch eine Verwandlung so gut wie nie sein … und sie wird wahrscheinlich auch nicht allen Beteiligten gefallen.

## Gesellschafts-Verwandlungen

Innerhalb einer Gesellschaft kann das Alte oft nur durch eine Phase des Chaos überwunden werden – die allmähliche, besonnene Entwicklung zu etwas Besserem ist eher selten. In diesem Prozess gibt es oft Zyklen, bei dem die Entwicklung zwischen den beiden beteiligten Polen oder ganz einfach zwischen Alt und Neu hin- und herschwingt.

Diese „Zyklen bei einer Verwandlung" kann man gut bei der französischen Revolution betrachten: Königtum – Republik – Schreckensherrschaft – Napoleon – Republik – Napoleon – Republik … und das ist nur die Kurzfassung …

Die größeren Verwandlungen in ganzen Gesellschaften neigen leider dazu, entweder zu einem Krieg oder zu einem Bürgerkrieg zu werden. Das ist die leidvollste Form der Auflösung einer alten Ordnung, die dem Aufbau einer neuen gesellschaftlichen Ordnung fast immer vorausgeht.

Nach dem zweiten Weltkrieg wurde als neue Ordnung die UNO aus dem alten, losen Völkerbund weiterentwickelt.

Der Zusammenbruch der alten Ordnung entsteht in vielen Fällen jedoch nicht dadurch, dass eine neue, bessere Ordnung angestrebt wird, sondern dadurch, dass ein Einzelner mit viel Einfluss oder eine Gruppe mit Machtgier und Größenwahn andere Länder zu erobern versucht oder auf sonst eine vergleichbare Weise sich selber die Krone aufsetzen und „unsterblichen Ruhm" ernten will.

## System-Verwandlungen

Es gibt diese Auflösungsphase auch bei ganzen Systemen, die bei einem heftigen Impuls von außen oft weitestgehend zusammenbrechen, wobei auch viele Teile des Systems sterben. Die drastischsten Beispiele dafür sind fünf Massensterben auf der Erde, die durch Vulkane, Meteoriten und die Vereisung der Kontinente hervorgerufen worden sind.

## Essenz

Die Essenz der Veränderung ist der Wille, Erfolg zu haben, etwas zu verändern und etwas zu bewirken, wofür das Loslassen der alten Form in Kauf genommen wird. Leider ist diese Auflösung in vielen Fällen mit Gewalt verbunden.

Aber wir Menschen sind ja zum Glück lernfähig …

# 9.  Ausrichtung

### <u>Allgemeine Dynamik</u>

In der vorigen Phase der Verwandlung (Kapitel 8) wurde das Alte aufgelöst. Dadurch haben die einzelnen Bestandteile, die vorher in einer verzerrten Form miteinander verbunden gewesen sind, nun die Möglichkeit, sich in einer reinen und heilen Form neu zu formieren.

Dies ist die Phase des Aufbruchs, in der ein neues Ziel angestrebt wird. Die erste Hälfte der Verwandlung ist vorüber, in der die Notwendigkeit einer Verwandlung erkannt wurde und in der das Alte aufgelöst worden ist. Nun kommt die Formierung des Neuen.

Dabei ist Das, was C.G. Jung das „Selbst" nennt und was im Allgemeinen als „Seele" bezeichnet wird, die Orientierung. Diese Neue, das nach der Verwandlung erscheint, wir in der Alchemie „Roter Löwe" genannt. Dies entspricht auch dem, was Rudolf Steiner als die „Lucifer-Phase" bezeichnet: die meist ein wenig chaotische, expandierende Gründungsphase, in der vieles noch ungeordnet ist, aber alle mit ihrer ganzen Kraft zu einer Neuschöpfung drängen.

### <u>Individuelle Verwandlungen</u>

Auch im Leben eines einzelnen Menschen folgt diese Gründungsphase auf die Phase der Auflösung des Alten: Man zieht evtl. um, sucht eine neue Arbeit, geht eine neue Beziehung sein, richte sich auf neue Lebensziele aus usw.

Während die Auflösungsphase (Kapitel 8) die alten Strukturen auflöst, gestaltet die Gründungsphase (Kapitel 9) die neuen Strukturen.

### <u>Paar-Verwandlungen</u>

Bei einem Paar ist nach einer Krise auch eine Neuausrichtung notwendig – oder eben eine Trennung. Wenn beiden ihre wichtigsten Werte klar geworden sind, können sie auch schauen, ob sich diese beiden Werte besser gemeinsam oder alleine bzw. mit anderen leben lassen. Daraus ergibt sich dann die Entscheidung, ob man weiter zusammen bleibt oder ob man sich trennt.

Natürlich läuft das nicht so sachlich ab wie es hier gerade geschildert worden ist, sondern ist mit vielen Gefühlen verbunden.

## Gemeinschafts-Verwandlungen

In Vereinen, Unternehmen, Parteien usw. werden an dieser Stelle oft Reden gehalten. Die alten Formen sind weitgehend aufgelöst und die Reden die nun gehalten werden, sollen die neuen Ziele und die Formen, die sich daraus ergeben, klar und deutlich machen und alle  für diese Ziele begeistern, sodass alle an einem Strang ziehen und in dieselbe Richtung wollen.

Für diese Neuausrichtung sind nicht nur Reden notwendig, sondern auch das Verfassen der verschiedensten Schriften, Manifeste, Pamphlete, Aufrufe, Weckrufe und dergleichen mehr. Es ist auch ein Motto oder Slogan notwendig, also ein kurzer Satz, der das Ziel zusammenfasst und immer wieder benutzt wird. Solche Sätze sind z.B. „Proletarier aller Länder – vereinigt euch!" von Karl Marx und Friedrich Engel, „Ich habe einen Traum …" von Martin Luther King oder „Yes, we can!" von Barak Obama.


## Gesellschafts-Verwandlungen

In einer Gesellschaft gibt es dieselbe Dynamik wie in einzelnen Gemeinschaften. Auch hier wird von Einzelnen ein Weg gezeigt und Reden gehalten, um diesen Weg allgemein bekannt zu machen und die nötige Begeisterung für das Ziel zu wecken.

Bekannte Redner, die solch ein Ziel angestrebt haben sind u.a. Martin Luther, Mahatma Gandhi, Martin Luther King, Michail Gorbatschow und Nelson Mandela.

So gut wie alle Redner und Politiker, die ein großes Ziel verfolgen, streben es durch die Überzeugung der Mehrheit an und nicht durch militärischen Druck oder andere Repressionen. Sie wollen die Menschen begeistern und mitreißen und deren eigenen Ideale wecken und ihnen zeigen, dass diese Ideale verwirklicht werden können. Daher streben diese Redner eine konstruktive Politik und eine kooperative Durchsetzung an und lehnen dabei Gewalt ab.

Redner und Politiker, die für Veränderungen Gewalt benutzen, wollen so gut wie immer vor allem ihren Willen durchsetzen, aber haben streben kein übergeordnetes Ziel an, das das Wohlergeben von allen fördern soll.


## System-Verwandlungen

In einem System ist auch diese Phase der Verwandlung kein bewusster Vorgang, sondern eine Eigendynamik: Es zeigt sich, welches Vorgehen am effektivsten ist – und dieses Vorgehen setzt sich dann letztlich auch durch. So sind nach dem durch einen Meteoriten ausgelösten Massensterben, das die Saurierzeit beendet hat, die Säugetiere diejenigen gewesen, die der neuen Situation am besten angepasst waren, sodass sich damals die Säugetiere und nicht die Reptilien oder die Amphibien auf der Erde durchgesetzt haben.

## Essenz

Das ist das Ziel! Kommt alle mit! Volle Kraft voraus!

# 10.  Erdung

♑

**Allgemeine Dynamik**

Die 4 wichtigsten Schritte bei einer Verwandlung sind 1. das Auftreten eines Problems oder einer Verlockung (Kapitel 1), 2. die Betroffenheit durch diese Neue (Kapitel 4), 3.das Vertrauen, dass ein besserer Zustand erreicht werden kann (Kapitel 7) und nun als 4. Der erste Schritt, in die Richtung des Ziels (Kapitel 10).

In der Astrologie entsprechen diese vier Schritte den vier schöpferischen Sternzeichen, die etwas Neues beginnen – was ja auch das Wesen einer Veränderung ist: Widder – etwas Neues; Krebs – Betroffenheit; Waage – Vertrauen; und Steinbock – Konkretisierung.

Rudolf Steiner nennt diese Phase „Arhiman". In ihr werden feste Formen geschaffen, Regeln aufgestellt, alles im Detail durchdacht und festgelegt und die neue feste Form erschaffen. Diese Phase ist der Gegenpol zu der ersten Phase, also zu der „hyperaktiven" Gründungsphase, die Steiner als „Lucifer" bezeichnet.

Hier bekommt das, was angestrebt wird und was man als „Selbst" oder als „Seele" oder allgemeiner als „Ziel" und „Ideal" gefunden und ausgewählt hat, eine konkrete Gestalt.

Durch das Vertrauen (Kapitel 7) und durch die Erdung der eigenen Absicht, die durch das Gehen des ersten Schrittes in Richtung Ziel erfolgt, entsteht in der Welt eine Resonanz: Man tut was und es entsteht ein Echo zu dieser Tat, sodass der sinnvoller Zufall erscheint. Er ist der verlässlichste Helfer.

**Individuelle Verwandlungen**

Dieser erste konkrete Schritt in die Richtung des Zieles erdet auch bei einem einzelnen Menschen das Streben nach einem Ziel. Man muss losgehen und man braucht dabei nicht den ganzen weg zu kennen. Das Losgehen macht die Veränderung konkret und verankert sie. Während man den ersten Schritt tut, ahnt man vielleicht den zweiten und den dritten, aber wenn man den ersten Schritt getan hat, seht man an einem neuen Ort und kann dann schauen, welcher Schritt nun am sinnvollsten erscheint.

Es ist nicht wichtig, den gesamten Weg zu kennen, sondern es ist wichtig, loszugehen und überhaupt einen Schritt in die richtige Richtung zu tun – und es gibt so gut wie immer einen nächsten Schritt in die richtige Richtung. Wie dann der gesamt Weg zu dem Ziel aussehen wird, wird sich nach und nach zeigen.

„Auch der längste Weg beginnt mit dem ersten Schritt." (Konfutse)

### Paar-Verwandlungen

Wenn ein Paar bereits erkannt hat, dass es dieselben Werte oder zumindest sehr ähnliche Werte verfolgt, kann es zusammen einen Schritt tun, um diese Ziele Wirklichkeit werden zu lassen. Das kann eine heiße Nacht sein, eine Reise oder auch eine Verlobung.

Dieses gemeinsame Handeln ist die Erdung der Beziehung.

### Gemeinschafts-Verwandlungen

In Gemeinschaften werden in diesem Schritt eine gemeinsame Unternehmung begonnen, die Vereinsstatuten beschlossen oder über die Parteisatzung abgestimmt. Natürlich gibt es das auch in Kleinen bei der Planung einer Einzelaktion, bei der Namensänderung eines Vereins oder der Festlegung des Slogans für den nächsten Wahlkampf.

Auch hier wird das allgemeine Ideal, das diese Gemeinschaft verfolgt, durch ganz konkrete Handlungen geerdet.

### Gesellschafts-Verwandlungen

In einer Gesellschaft werden in dieser Phase Gesetze erlassen und allgemeine Projekte beschlossen und begonnen. Dies kann die Verabschiedung eines Handelsabkommens zwischen zwei Staaten sein, die Änderung einer Form der Steuererhebung, eine Ergänzung der Straßenverkehrsordnung oder sonst eine Form der Festlegung und Umsetzung.

Diesen gesellschaftlichen Festlegungen sind die neun Phasen der ersten 9 Kapiteln als notwendige Vorstufen vorausgegangen: 1. Neues, 2. Bewertung, 3. Möglichkeiten, 4. Betroffenheit, 5. Entschluss, 6. Wege, 7. Kooperation, 8. Loslassen und 9. Ziele. Die auf diese Weise schrittweise gewachsenen Handlungsentschlüsse werden nun zu einer konkreten Handlung, die neue Tatsachen schafft.

### System-Verwandlungen

In einem System ist es die Kausalität, die die neuen Formen schafft. Die einzelnen Wesen haben zwar ein Bewusstsein und steuern ihr eigene Entwicklung mehr oder weniger bewusst, doch die Gesamtentwicklung eines Systems entwickelt sich durch ihre Eigendynamik.

34

**<u>Essenz</u>**

Die erdende Tat macht das Ziel zur Wirklichkeit.

# 11. Kollektiv

〰〰

### Allgemeine Dynamik

Der erste Schritt (Kapitel 10) ruft nun eine Wirkung in der Welt hervor wie ein ins Wasser geworfener Stein die Kreise auf der Wasseroberfläche entstehen lässt. Aus dem Neuerschaffenen wird nun ein System und eine „Bewegung", die das gesamte System beeinflusst und prägt und bei der möglicherweise viele Menschen mitmachen.

Diese Phase einer Veränderung wird von Rudolf Steiner als „Christus-Phase" bezeichnet. In ihr entwickelt sich ein elastischer Rhythmus zwischen den beiden Polen der beiden vorigen Phasen (Expansion und Festlegung), der nun auf elegante Weise auf die jeweiligen Umstände eingeht und sie im eigenen Sinne nutzt.

Diese Ausweitung der Veränderung auf ein Gesamtsystem ist mit dem Konzept des kollektiven Unterbewusstseins von C.G. Jung verbunden: Es entsteht in dem Gesamtsystem ein Bild von der neuerschaffenen Struktur. Die Verwandlung ist nun in dem gesamten System angekommen und prägt und lenkt die Vorgänge in ihm.

### Individuelle Verwandlungen

Auch bei einem einzelnen Menschen zieht der erste Schritt in die neue Richtung weitere Schritte in dieselbe Richtung nach sich, wodurch nach und nach ein neues System aufgebaut wird. Dadurch bildet sich eine neue Lebensweise aus, die auf alle Handlungen einen Einfluss hat.

Der Einzelne strebt danach, alle seine Handlungen so zu koordinieren, dass sie sich gegenseitig fördern statt behindern – der einzelne handelt also aus einem Gesamtkonzept heraus. Dieses Konzept muss nicht unbedingt bewusst sein, aber es ist stets wirksam. Dieses Gesamtkonzept, diese Grundhaltung eines Menschen lässt sich am einfachsten durch das Horoskop des betreffenden beschreiben.

Die verschiedenen Verwandlungen in dem Leben eines einzelnen Menschen haben stets das Ziel, dass dieser Mensch das, was er im Innersten ist, voller und lebendiger als vorher ausdrücken kann.

### Paar-Verwandlungen

Bei einem Paar tritt diese Phase ein, wenn sich beide schon eine Weile kennen und herausgefunden haben, wie der andere „tickt" und sie erkannt haben, wie sie am besten miteinander umgehen können. Durch diese Erkenntnis und das dem entsprechende Verhalten können die beiden ihre Beziehung zu der größtmöglichen Bereicherung für sich werden lassen.


## Gemeinschafts-Verwandlungen

In einer Gemeinschaft wird nun ein neues Selbstverständnis erreicht, d.h. die Verwandlung ist in allen Bereichen angekommen und hat sich dort fest etabliert. Die Verwandlung wird nun nicht mehr als Verwandlung, sondern als der neue Standard wahrgenommen, an dem sich nun alle orientieren.


## Gesellschafts-Verwandlungen

In einer Gesellschaft bilden sich nach großen Krisen wie Kriegen und Wirtschaftskrisen und auch nach anderen Verwandlungen neue Wertesysteme und neue Verhaltensweisen heraus. Zum Teil sind diese neuen Normen bewusst entschieden worden (wie z.B. das Grundgesetz der BRD), aber zu einem anderen Teil entstehen diese Verhaltensweisen auch unbewusst (wie die spiritualitätsferne Nüchternheit in der BRD nach dem Zweiten Weltkrieg).


## System-Verwandlungen

Nach großen Krisen wie den Massensterben der Tier- und Pflanzen-Arten in der Erdgeschichte bilden sich nach eine Weile neue stabile Ökosystem aus, die sich nach der turbulenten Anfangsphase gleich nach der Krise lange Zeit nur wenig weiterentwickeln.


## Essenz

Das in die Realität gebrachte Ziel prägt nun das ganze System.

# 12. Alltag

Ƕ

### Allgemeine Dynamik

Die letzte Phase einer Verwandlung ist das Ankommen im Alltag. Wenn diese Phase erreicht worden ist, denkt kaum noch jemand über die vorangegangene Verwandlung nach, da sie zu einer Selbstverständlichkeit geworden ist, die nun alle Bereiche des Alltags prägt.

Das, was in den vorigen 11 Schritten angestrebt worden ist, ist nun gelebte Wirklichkeit geworden.

### Individuelle Verwandlungen

Dieser Effekt, dass die Verwandlung allmählich unbewusst wird, wenn sie umgesetzt worden ist, gibt es auch bei einem einzelnen Menschen. Wenn der Umzug gelungen ist und man sich eingerichtet hat, wenn man eine neue Arbeit gefunden hat und sich mit den Kollegen angefreundet hat, oder wenn man eine neue Beziehung gefunden hat und miteinander vertraut geworden ist, denkt man zwar vielleicht noch manchmal an den Weg zu diesem neuen Zustand, doch das ist nur noch eine Erinnerung und kein Suchen oder Planen mehr.

### Paar-Verwandlungen

Dasselbe gilt auch für ein Paar: Wenn man erst einmal eine Weile zusammen ist, denkt man nicht mehr so oft an die Suche in der Zeit bevor man sich begegnet ist. Die Verwandlung von der vorigen Beziehung bzw. von der Einsamkeit zu der jetzigen Beziehung ist schon eine Weile abgeschlossen und man lebt nun in dieser Beziehung, die zu dem eigenen selbstverständlichen Alltag geworden ist.

### Gemeinschafts-Verwandlungen

Auch bei Gemeinschaften ist die Verwandlung dann abgeschlossen, wenn der Gewöhnungseffekt an das Neue eingetreten ist. Zunächst wird man sich des Neuen bewusst, dann schaut man es sich in verschiedenen Zusammenhängen an, aber schließlich wird es zu etwas Selbstverständlichem, über das auch kaum noch einer spricht.

## Gesellschafts-Verwandlungen

Wenn ein Thema in einer Gesellschaft erfolgreich verwandelt worden ist, tritt mit großer Sicherheit sofort das nächste Thema auf, das geklärt werden muss – ein Politiker ist niemals mit seiner Arbeit fertig, auch wenn er den einen oder anderen Schritt vollendet und ein Projekt abgeschlossen hat.

Zudem kann es sein – und das ist sogar recht wahrscheinlich – dass sich zu dem abgeschlossenen Projekt schon bald wieder jemand meldet, der dieses Thema doch noch ein wenig anderes geregelt haben will.


## System-Verwandlungen

Ganze Systeme bleiben manchmal über lange Zeiten recht stabil und ändern sich nur wenig. Über diese Zeiten gibt es dann rückblickend auch nur wenig zu berichten.


## Essenz

Wenn die Verwandlung als Selbstverständlichkeit im Alltag angekommen ist, ist diese Verwandlung vollendet.

# <u>Bücher von Harry Eilenstein</u>

<u>**Magie für Anfänger**</u>
- Telepathie für Anfänger (60 S.)
- Telepathie für Fortgeschrittene (52 S.)
- Telekinese für Anfänger (52 S.)
- Analogien für Anfänger (56 S.)
- Omen und Orakel für Anfänger (52 S.)
- Lebenskraft für Anfänger (60 S.)
- Meditation für Anfänger (56 S.)
- Kundalini für Anfänger (100 S.)
- Hypnose für Anfänger (56 S.)
- Kampfmagie für Anfänger (172 S.)
- Auto-Movement für Anfänger (56 S.)
- Chakra-Magie für Anfänger (148 S.)
- Astralreisen für Anfänger (56 S.)
- Astrologie für Anfänger (120 S.)
- Astrologische Quadrate für Fortgeschrittene (72 S.)
- Partnerhoroskope für Anfänger (100 S.)
- Silberschnüre für Anfänger (52 S.)
- Zaubersprüche für Anfänger (60 S.)
- Ritual-Magie für Anfänger (56 S.)
- Mandalas für Anfänger (68 S.)
- Geldzauber für Anfänger (56 S.)
- Liebeszauber für Anfänger (52 S.)
- Invokationen für Anfänger (52 S.)
- Evokationen für Anfänger (60 S.)
- Geister für Anfänger (52 S.)
- Elfen für Anfänger (56 S.)
- Magie-Forschung für Anfänger (140 S.)
- Magie-Romantik für Anfänger (60 S.)
- Selbsterkenntnis für Anfänger (52 S.)
- Einweihungen für Anfänger (60 S.)
- Drogen-Kabbala für Anfänger (216 S.)
- Zahlensymbolik für Anfänger (60 S.)
- Die Sprache des Mondes – für Anfänger (116 S.)
- Zaubergesänge für Anfänger (100 S.)
- Zukunftschau für Anfänger (60 S.)
- Schamanismus für Anfänger (52 S.)
- Schwitzhütten für Anfänger (52 S.)
- Magische Gegenstände für Anfänger (68 S.)
- Übertragungen für Anfänger (68 S.)
- Zaubertränke für Anfänger (64 S.)
- Magie-Gesten für Anfänger (252 S.)
- Da'ath-Magie für Anfänger (64 S.)
- Magie-Heilungen für Anfänger (68 S.)
- Kornkreise für Anfänger (348 S.)
- Feng Shui für Anfänger (96 S.)
- Tao für Anfänger (112 S.)
- Magie für Anfänger – Sammelband   I  (696 S.)
- Magie für Anfänger – Sammelband  II  (664 S.)
- Magie für Anfänger – Sammelband III  (580 S.)
- Magie für Anfänger – Sammelband  IV  (700 S.)
- Magie für Anfänger – Sammelband   V  (676 S.)
- Magie für Anfänger – Sammelband  VI  (640 S.)

<u>**Magie**</u>
- Handbuch für Zauberlehrlinge (408 S.)
- Wie man das Pentagramm-Ritual zum Leben erweckt (308 S.)
- Tarot (104 S.)
- Physik und Magie (184 S.)
- Die Synthese von Physik und Magie (200S.)
- Die Magie-Formel (156 S.)
- Schwarze Löcher in der Magie (56 S.)
- Krafttiere – Tiergöttinnen – Tiertänze (112 S.)
- Schwitzhütten (524 S.)
- Mythen und Magie der Harfe (116 S.)
- Drei Adeptus Major Rituale (192 S.)
- Drei Adeptus Exemptus Rituale (120 S.)
- Zwei Infans Abyssi Rituale (128 S.)

<u>**Traumreisen**</u>
- Traumreisen zu Heilpflanzen (700 S.)
- Traumreisen zum kabbalistischen Lebensbaum (132 S.)

<u>**Meditation**</u>
- Der Lebenskraftkörper (230 S.)
- Die Chakren (100 S.)
- Das Chakren-System mit den Nebenchakren (296 S.)
- Organe und Chakren (64 S.)
- Die platonischen Körper in den Chakren (156 S.)
- Meditation (140 S.)
- Drachenfeuer (124 S.)
- Kundalini I (676 S.)
- Kundalini II (672 S.)
- Reinkarnation (156 S.)
- einsgerichtet (140 S.)

<u>**Astrologie**</u>
- Astrologie (496 S.)
- Photo-Astrologie (428 S.)
- Die astrologischen Aspekte (88 S.)
- Horoskop und Seele (120 S.)

<u>**Kabbala**</u>
- Kursus der praktischen Kabbala (150 S.)
- Eltern der Erde (450 S.)
- Blüten des Lebensbaumes:
    1. Die Struktur des kabbalistischen Lebensbaumes (370 S.)
    2. Der kabbalistische Lebensbaum als Forschungshilfsmittel (580 S.)
    3. Der kabbalistische Lebensbaum als spirituelle Landkarte (520 S.)
- Logik und Wirkung der Analogie (700 S.)

<u>**Eilenstein, Frater V.D., Knecht, Büdenbender**</u>
- Magie heute – Berichte aus der Praxis (288 S.)

<u>**Büdenbender, Eilenstein**</u>
- Chaos, Alk und Magic (436 S.)

<u>**Religion allgemein**</u>
- Die sieben Schritte des Lebens (428 S.)
- Muttergöttin und Schamanen (168 S.)
- Totempfähle (440 S.)
- Der Urriese (168 S.)

<u>**Jungsteinzeit**</u>
- Göbekli Tepe (472 S.)
- Die Göttin von Göbekli Tepe (144 S.)
- Die Rituale von Göbekli Tepe (112 S.)

<u>**Ägypten**</u>
- Hathor und Re 1: Götter und Mythen im
  im Alten Ägypten (432 S.)
- Hathor und Re 2: Die altägyptische Religion
  – Ursprünge, Kult und Magie (396 S.)
- Isis (508 S.)
- Ma'at (200 S.)

<u>**Indogermanen**</u>
- Die Entwicklung der indogermanischen
  Religionen (700 S.)
- Wurzeln und Zweige der indogermanischen
  Religion (224 S.)

<u>**Christentum**</u>
- Christus (60 S.)
- Die Biographie des Teufels (144 S.)
- Die Magie der Propheten Elias und Elisa (96 S.)

<u>**Psychologie**</u>
- Über die Freude (100 S.)
- Das Geheimnis des inneren Friedens (252 S.)
- Das Beziehungsmandala (52 S.)
- Gefühle und ihre Verwandlungen (404 S.)
- einsgerichtet (140 S.)
- Liebe und Eigenständigkeit (216 S.)
- Von innerer Fülle zu äußerem Gedeihen (52 S.)
- Kreative Hochzeits-Rituale (56 S.)

<u>**Heilung**</u>
- Die Symbolik der Krankheiten (76 S.)

<u>**Kunst**</u>
- Herz des Tanzes – Tanz des Herzens (160 S.)
- Die Wurzeln der Kunst (60 S.)
- Wege zur Musik-Improvisation (32 S.)

<u>**Drama**</u>
- König Athelstan (104 S.)

<u>**Roman**</u>
- Maran der Schamane (548 S.)
- Maran der Zauberlehrling (676 S.)
- Maran der Harfner (700 S.)
- Maran der Krieger (700 S.)
- Maran der Magier (900 S.)
- Maran der Weise (900 S.)

<u>**Entwürfe für die Zukunft**</u>
1. Die 12 Stile des Tierkreises (164 S.)
2. Die 12 Gedanken zur Energie (108 S.)
3. Die 12 Phänomene der Schwingungen (60 S.)
4. Die 12 Qualitäten des Wassers (92 S.)
5. Die 12 Fundamente des Wohnens (96 S.)
6. Die 12 Grundprinzipien einer umfassenden
   Gesundheit (32 S.)
7. Die 12 Zonen des menschlichen Körpers (80 S.)
8. Die 12 Zutaten der Ernährung (60 S.)
9. Die 12 Flüge der Bienen (148 S.)
10. Die 12 Sichtweisen auf Genußmittel und Drogen (96 S.)
11. Die 12 Möglichkeiten der ganzheitlichen Medizin (92 S.)
12. Die 12 Ansichten über das Impfen (36 S.)
13. Die 12 Leitlinien der Erziehung (44 S.)
14. Die 12 Richtungen des Denkens (84 S.)
15. Die 12 Arten des Lernens (56 S.)
16. Die 12 Seiten einer umfassenden Bildung (36 S.)
17. Die 12 Ansätze zu effektivem Handeln (76 S.)
18. Die 12 Konzepte der Arbeit (48 S.)
19. Die 12 Arten der neuen Technologien (36 S.)
20. Die 12 Betrachtungsweisen der künstlichen
    Intelligenz (48 S.)
21. Die 12 Eigenheiten des Geldes (40 S.)
22. Die 12 Funktionen der Steuern (56 S.)
23. Die 12 Betrachtungsweisen der Sozialberufe (60 S.)
24. Die 12 Strategien der Macht (64 S.)
25. Die 12 Anforderungen an ein neues Wertesystem (48 S.)
26. Die 12 Bausteine einer neuen Gesellschaftsform (52 S.)
27. Die 12 Tore zur Sophikratie (80 S.)
28. Die 12 Pfade zum Frieden (48 S.)
29. Die 12 Säulen des Naturrechts (56 S.)
30. Die 12 Grundlagen der Beziehungen (52 S.)
31. Die 12 Spielfelder des Fußballs (108 S.)
32. Die 12 Wege der Kunst (60 S.)
33. Die 12 Wurzeln eines erfüllten Lebens (44 S.)
34. Die 12 Bereiche des Bewußtseins (56 S.)
35. Die 12 Tempel der Religionen (84 S.)
36. Die 12 Aspekte eines einheitlichen
    spirituell-physikalischen Weltbildes (72 S.)
37. Die 12 Dynamiken der Verwandlung (44 S.)
- Sammelband 1 „Natur" (492 S.)
- Sammelband 2 „Gesundheit" (512 S.)
- Sammelband 3 „Bildung" (524 S.)
- Sammelband 4 „Gesellschaft" (416 S.)
- Sammelband 5 „Psyche" (380 S.)

**die „Anfänger"-Reihe**
- The Synthesis of Physics and Magic (192 p.)
- Telepathy for Beginners (60 p.)
- Telepathy for Advanced Learners (52 p.)
- Telekinesis for Beginners (56 p.)
- Life Force for Beginners (76 p.)
- Kundalini for Beginners (104 p.)
- Astral Projection for Beginners (60 p.)
- Meditation for Beginners (60 p.)
- Prophecy for Beginners (60 p.)
- Ritual Magic for Beginners (64 p.)
- Magic Chant for Beginners (108 p.)
- Invocations for Beginners (52 p.)
- Evocations for Beginners (62 p.)
- Auto-Movement for Beginners (60 p.)
- Elves for Beginners (56 p.)
- Hypnosis for Beginners (56 p.)
- Love Magic for Beginners (52 p.)
- Money Magic for Beginners (60 p.)
- Magic Objects for Beginners (64 p.)
- Shamanism for Beginners (52 p.)
- Chakra-Magic for Beginners (148 p.)
- Language of the Moon – for Beginners (128 p.)
- Self Knowledge for Beginners (60 p.)
- Da'ath-Magic for Beginners (64 p.)
- Astrology for Beginners (112 p.)
- Number Symbolism for Beginners (64 p.)
- Mandalas for Beginners (76 p.)
- Crop Circles for Beginners (344 p.)
- Feng Shui for Beginners (96 p.)
- Magic Research for Beginners (140 p.)
- Magic for Beginners – Anthology I (636 p.)
- Magic for Beginners – Anthology II (616 p.)
- Magic for Beginners – Anthology III (684 p.)
- Magic for Beginners – Anthology IV (580 p.)

**Eilenstein, Frater V.D., Knecht, Büdenbender**
- Living Magic (261 S.) (= „Magie heute")

**sonstige englische Ausgaben**
- The Biography of the Devil (140 S.)
- The Synthesis of  Physics and Magic (192 S.)
- The Chakra-System with the Minor Chakras (304 S.)